ДЕРЕК ПРИНС

БОЖЬЕ ЛЕКАРСТВО ОТ ОТВЕРЖЕННОСТИ

2013

Все выдержки из Нового и Ветхого Заветов (кроме отмеченных особо) взяты из Синодального перевода Библии на русский язык.

GOD'S REMEDY FOR REJECTION
Derek Prince

Derek Prince Ministries – International
P.O.Box 19501
Charlotte, NC 28219-9501
USA

All rights reserved © 1993
by Derek Prince Ministries–International

БОЖЬЕ ЛЕКАРСТВО ОТ ОТВЕЖЕННОСТИ
Дерек Принс

Переведено и издано
Служением Дерека Принса на русском языке
Translation and publication by Derek Prince
Ministries – Russia

Вы можете написать нам по адресу:

Служение Дерека Принса
а/я 72
Санкт-Петербург
191123
Россия

Служение Дерека Принса
а/я 3
Москва
107113
Россия

Все права защищены © 2009 Служением Дерека Принса на русском языке
All rights reserved © 2009 by Derek Prince
Ministries – Russia

ISBN: 978-1-78263-070-8

Вы можете обратиться к нам через интернет:
info@derekprince.ru

или посетить нашу страницу:
www.derekprince.ru

СОДЕРЖАНИЕ:

1. ПРИРОДА ОТВЕРЖЕНИЯ 4
2. ПРИЧИНЫ ОТВЕРЖЕННОСТИ 11
3. ИЗМЕНА И СТЫД 18
4. РЕЗУЛЬТАТЫ ОТВЕРЖЕННОСТИ 22
5. ОКОНЧАТЕЛЬНОЕ ОТВЕРЖЕНИЕ ... 28
6. КАК ПРИМЕНЯТЬ ЛЕКАРСТВО 40
7. ПРИНЯТИЕ СРЕДИ БОЖЬЕГО НАРОДА 48
8. БОЖЕСТВЕННАЯ ЛЮБОВЬ 54

1.
ПРИРОДА ОТВЕРЖЕНИЯ

Практически каждому из нас приходилось испытать отвержение. Но лишь немногие из нас осознают сущность отвержения и его последствия.

Отвержение может быть как относительно незначительным, так и настолько разрушительным, что повлияет на всю вашу жизнь и все ваши взаимоотношения.

Вот несколько обычных примеров. Вас не взяли в спортивную команду школы. Ваш лучший друг не пришел на важное для вас событие. Вас не приняли в тот колледж, в который вы хотели. Вас уволили с работы без уважительной причины, просто «сократив».

Еще больнее тем, кто никогда не чувствовал любви своего отца, или ощущал, что не нужен своей матери, кому довелось испытать разрыв супружеских отношений.

Такие переживания оставляют кровоточащие раны, которые не излечиваются временем — независимо от того, осознаем мы это или нет. Но у меня есть хорошая новость для вас! Бог может избавить от ран, нанесенных отвержением. Он поможет тебе принять себя самого и проявить Его любовь к другим людям. Но прежде чем вы сможете принять Его помощь, вы должны вникнуть в суть вашей проблемы.

Отверженность можно охарактеризовать как ощущение того, что тебя не хотят и ты не нужен. Вы желаете, чтобы люди любили вас, однако полагаете, что вас не любят. Вы хотите быть частью общности, но чувствуете себя исключенным. Вы как будто всегда не можете попасть внутрь и смотрите со стороны. Очень часто рука об руку идут две внутренние раны: чувство того, что вы были преданы, и чувство стыда.

Иногда отверженность может быть настолько ранящей и болезненной, что рассудок избегает мыслей, связанных с ней. Тем не менее, вы знаете, что внутри вас «что-то есть» — даже глубже вашего разума, вашего сознания и вашей памяти. Это находится в духе. Книге Притчей 15:13 описывает это так: *«Веселое сердце делает лице веселым, а при сердечной скорби дух унывает».*

Писание также говорит о том, как подавленный дух влияет на человека. Притчи 18:14: *«Дух человека переносит его немощи; а пораженный дух — кто может подкрепить его?»*

Бодрый дух поможет человеку преодолеть самые большие трудности, но угнетение духа произведет подкашивающий эффект во всех сферах его жизни.

Наше сегодняшнее общество страдает от усиливающегося развала отношений между людьми. Вполне возможно, что и вы оказывались «между двух огней», и в результате получили раны отвержения. Однако позвольте сказать слово ободрение лично для вас: вы найдете путь к жизни во свете, выйдя из мрака невзгод.

Я полагаю, что дьявол обладает некоторым предвидением. Он знает, что Бог желает использовать вас, и поэтому первым наносит свой удар. Это своего рода искаженный комплимент. Это свидетельствует о том, что он боится того, кем вы можете стать во Христе. Поэтому не падайте духом. Мой опыт говорит о том, что некоторые люди, бывшие в самом низу, в конечном итоге оказались на самом верху. Писание учит нас, что некоторые последние в конечном результате окажутся первыми (см. Марка 10:31), а униженные — будут возвышены (Луки 18:14).

Я верю, что Евангелие от Матфея 9:36 отображает именно то, что Иисус испытывает по отношению к вам: *«Видя толпы народа, Он сжалился над ними...»* (дословно: *«был движим состраданием к ним»* — *примеч. переводчика*).

Греческое слово, переведенное как *«был движим состраданием»*, необычайно сильное слово. Оно говорит о сильной физической реакции в области живота. Эта реакция настолько сильна, что требует действий.

Человек, движимый состраданием, не может стоять в стороне и наблюдать — он должен что-то делать. Почему Иисус был движим состраданием? *«...что они были изнурены и рассеяны, как овцы, не имеющие пастыря»* (Матфея 9:36).

Возможно, и вы испытываете то же самое: утомление, опустошение, разочарование, растерянность, страх, беспокойство, тревога, удрученность. Иисус смотрит на вас точно так же, как Он смотрел и на тех людей. Он испытывает чувство сострадания и стремится залечить самую болезненную вашу рану.

СИМПТОМЫ И КОРНИ

Сначала нам необходимо осознать истинную природу отверженности. Что ее вызывает? Как нужно ее лечить?

В 1964 году мне пришлось часто служить людям, связанным вредными привычками, такими как никотин и алкоголь. Однако довольно часто я замечал, что эти вредные привычки являлись лишь побегами, которые выходили из ветви. Такой ветвью, как правило, являлось какое-нибудь разочарование. Поэтому практическим решением было исцеление именно этой проблемы. Когда вы подрубили ветвь разочарования, для вас сравнительно легко отсечь отростки пагубных зависимостей.

Разбираясь с личными проблемами людей, я словно постепенно спускался вниз по стволу дерева, пока не достигал той его части, которая скрыта под поверхностью — его корней. Бог стремится произвести Свою работу именно там. *«Уже и секира при корне дерев лежит: всякое дерево, не приносящее доброго плода, срубают и бросают в огонь»* (Матф. 3:10).

Как срубают дерево? Его отделяют от корня. Пытаясь проникнуть глубже поверхности, я сделал открытие, которое сначала удивило меня. Одним из самых распространенных корней всех наших личных проблем является *отверженность*. Я пришел к этому заключению не как социолог или психолог, но как проповедник.

Вы когда-нибудь видели малыша на руках отца? Ручонка сжимает отворот пиджака, а головка прижата к папиной груди. Вокруг может происходить что угодно, но малыш чувствует себя в безопасности. Его личико выражает абсолютную защищенность. Он находится там, где ему должно быть — в надежных папиных руках.

Бог задумал человеческую натуру таким образом, что каждый младенец, рожденный в этот мир, испытывает огромную потребность в подобной защите. По-настоящему ее невозможно осуществить, удовлетворить или обеспечить без родительской любви, особенно без любви отцовской. Всякий человек, лишенному этой любви, неизбежно открыт к ранам отверженности. Практически целое поколение американских отцов потерпело не смогло успешно выполнить свою роль, поэтому умы имеем поколение молодых людей, глубочайшей проблемой которых является отверженность.

К картине разрушенных взаимоотношений между родителями и детьми мы должны добавить статистику распавшихся браков. На сегодняшний день таковых около половины. Практически неизбежно одна или обе стороны получают рану отверженности, которая часто усугубляется болью обманутого доверия.

Задумываясь над давлениями, которым подвержено сегодняшнее общество, в частности распад семейной жизни, я прихожу к убеждению, что по крайней мере половина населения Соединенных Штатов страдает от какой-либо формы отверженности.

Несомненно, Бог предвидел этот особый кризис взаимоотношений в последнее время. Именно поэтому Он дал обетование в Книге пророка Малахии 4:5-6: *«Вот, Я пошлю к вам Илию пророка пред наступлением для Господня, великого и страшного. И он обратит сердца отцов к детям и сердца детей к отцам их, чтобы Я пришед не поразил земли проклятием»*.

Конечным результатом отверженности, возникшей в результате разрушенных взаимоотношений, является проклятие. Но для тех, кто обратился к Господу через Иисуса, Он обеспечил исцеление от этого проклятия.

Какую форму приобретет это исцеление? Что является противоположностью отвержения?

Конечно же, принятие. Именно это Бог предлагает вам, когда вы приходите к Нему через Иисуса. *«Он (Бог) облагодатствовал нас (в англ. буквально: «принял нас» — примеч. переводчика) в Возлюбленном», — в Иисусе (Ефес. 1:6)*.

Слово, переведенное здесь как *«облагодатствовал»* в оригинале является сильным и объемным словом. Оно подразумевает намного больше, чем просто одобрительное отношение. В Евангелии от Луки 1:28 это же самое слово переведено как *«благодатная»* (букв. *«обретшая высшее благоволение»*).

Когда вы приходите к Богу через Иисуса, вы принимаемы — как имеющие высшее благоволение — как Сам Иисус. И как бы это ни казалось удивительным, Бог любит вас точно так же, как и Иисуса. Вы становитесь членом Его семьи.

Первым шагом на пути к преодолению отверженности является ее признание. Чтобы успешно решить проблему, сначала необходимо признать ее существование. И хочу заверить вас, что Бог поможет вам увидеть вашу проблему.

Во время Второй Мировой войны, когда я был санитаром в действующей британской армии в пустынях Северной Африки, мне довелось служить под руководством человека, который был замечательным врачом. Однажды бомба, сброшенная вражеским самолетом, разорвалась неподалеку от нас, и один из наших солдат был ранен шрапнелью. Он пришел в приемный пункт с небольшим темным отверстием в плече. Так как я всегда и во всем помогал врачу, стараясь все делать правильно, я тут же спросил его:

— Следует ли мне наложить перевязку на рану?

— Нет, не надо. Передай мне зонд, — сказал доктор

Я подал ему маленький серебряный стержень, и врач ввел его в рану пациента, вращая его из стороны в сторону. Сначала ничего не происходило, но когда зонд задел маленькую шрапнель, солдат вскрикнул. Доктор знал, что обнаружил проблему.

— Принести повязку? — снова спросил я.

— Нет, не повязку, а хирургические щипцы, — ответил доктор и осторожно ввел щипцы в рану и извлек оттуда кусочек шрапнели.

— А теперь, — сказал он, — принеси мне повязку.

Вы можете наложить небольшую повязку религии на свою рану, но это не даст исцеления, потому что где-то внутри осталось нечто, что будет причиной постоянного гниения вашей раны. Но если вы откроете сердце Святому Духу, Он откроет источник проблемы. И когда зонд Святого Духа дотронется до шрапнели, кричите, если нужно, но не сопротивляйтесь! Попросите, чтобы Он Сам устранил проблему Своими щипцами. И только затем Бог сможет приложить то, что действительно исцелит вас.

Читая эту книгу, вы увидите, как можно выйти из отвержения и войти в принятие, и вдобавок к этому разобраться с изменой и стыдом. В последней главе мы рассмотрим, как позволить Божьей любви течь через вас к другим людям.

Я знаю очень много людей, которые смогли обнаружить и успешно исцелиться от ран отверженности. Вы можете стать одним из них.

2.
ПРИЧИНЫ ОТВЕРЖЕННОСТИ

Любым человеческим взаимоотношениям сопутствует риск отвержения. Иногда отверженность начинается со школьных лет. Возможно, вы носили подержанную одежду или были другой национальности, или у вас имелся какой-либо физический недостаток, и поэтому вас в школе выбрали в качестве объекта насмешек. Многих людей нервируют те, кто чем-то отличаются от них самих. Если они не могут быть с вами похожими, они отвергают вас.

Самый ранящий вид отверженности возникает тогда, когда ребенок ощущает отвержение со стороны родителей. Есть три основных ситуации, когда может быть нанесена эта рана. Во-первых, ребенок может быть не желаемым еще во время беременности. Мать вынашивает в утробе ребенка, которого она и не хочет. Она может ничего не говорить, но у нее такое отношение. Зачатие произошло вне брака. Она может испытывать горечь и ненависть, поскольку случившееся вызовет проблемы в ее жизни. Ребенок в утробе беспомощен и очень чувствителен — он чувствует отношение к себе со стороны своей матери и может родиться уже с духом отверженности.

Служа людям в Соединенных Штатах, я обнаружил удивительные вещи. Оказалось, что лица определенного возраста очень часто испытывали чувство такой ранней отверженности. Я вычислил, что они родились в период «Великой Депрессии». Я пришел к выводу, что многодетной матери в то время трудно было смириться с мыслью о еще одном ребенке. Ее внутреннее отношение ранило дитя — еще до того, как тот появился на свет.

Во-вторых, когда дети не видят проявления любви со стороны своих родителей. Одно время была очень распространена наклейка на бампер, на которой было написано: «Обнимали ли вы сегодня своего ребенка?» Это хороший вопрос. Ребенок, которого не обнимают, будет склонен чувствовать себя отверженным.

Даже если родители любят свое дитя, они могут не знать, как выразить свою любовь. Недавно я беседовал с людьми, которые говорили: «Я думаю, что отец любил меня, но он не знал, как выразить свою любовь. За всю жизнь он ни разу не посадил меня к себе на колени; он никогда ничего не сделал, чтобы показать, как он любит меня». Такое же отвержение может чувствоваться и от матери. В обоих случаях ребенок думает, что он не желаем.

Если сегодня вы будете беседовать с детьми, которые ожесточены и непослушны своим родителям, то можете услышать от них: «Родители дали нам и одежду, и образование, и автомобиль, и плавательный бассейн, но они никогда не уделяли нам время. Они не дали нам самих себя».

Полагаю, что это одна из причин ужасного ожесточения молодежи против старшего поколения, которое мы видели в 1960-х годах. Это была горечь в ответ на материализм, в котором нет любви. Многие из тех ожесточенных и непослушных молодых людей происходили из семей довольно состоятельных и привилегированных. У них было все, за исключением любви, которой они желали больше всего остального.

Эта форма отверженности также может распространиться на ребенка, родители решили развестись. Обычно в таких случаях ребенка оставляют на попечение матери. Но в такой семье ребенок мог иметь теплые и любящие взаимоотношения с отцом. И вдруг отца в доме больше нет — он уезжает к «другой женщине». Эта перемена в жизни оставляет в сердце ребенка болезненную пустоту.

У ребенка возникает двойная реакция: горечь по отношению к отцу и ненависть к «другой женщине». Остается глубокая рана отверженности внутри, которая словно говорит: «Человек, которого я любил и которому доверял больше всех, бросил меня. Больше я никогда и никому не буду доверять».

Слишком часто и мать, из-за появившихся дополнительных обязанностей, не способна дать ребенку столько любви, сколько давала ему прежде. В таком случае ребенок переживает двойную отверженность — от отца и от матери.

В-третьих, ребенок может ощущать разницу в родительской любви к разным детям в одной семье — пусть даже это делается родителями непреднамеренно. Я заметил, что в семье с тремя детьми старший ребенок, как первенец, пользуется естественным приоритетом. К тому же он может быть умным и способным. Достоинства же следующего ребенка не такие яркие на фоне успехов первого. Наконец, самый младший ребенок — как самый маленький в семье он, естественно, пользуется всеобщей любовью и заботой. А если у него есть какие-то успехи — им радуются все. Посреди этого, средний ребенок постоянно чувствует себя хуже других. Так получается, что родители всегда хвалят старшего и младшего, но о среднем они много не говорят. Очень часто средний ребенок чувствует себя отверженным и ненужным. Он или она думают: «Мои родители любят моего старшего брата, любят мою младшую сестру, но меня они не любят».

С другой стороны, иногда в семье, где один ребенок чувствует отверженность, другой получает незаслуженно много любви и внимания за счет своего брата или сестры, который или которая сравнивая себя с любимцем, чувствует отвержение.

Я помню историю о матери, которая отдавала предпочтение только одной из двух своих дочерей. Однажды она услышала шум в соседней комнате и, думая, что это любимица, позвала ее:

— Это ты, любимая?

В ответ она услышала голос другой своей дочери:

— Нет, это только я!

Только тогда мать осознала, какое влияние оказывает это ее предпочтение на другой дочери. Она покаялась и постаралась исцелить ущербность отношений со своей дочерью.

Позвольте мне привести вам другой пример того, как отверженность может возникнуть в раннем возрасте и иметь духовные последствия для ребенка. Много лет назад я проводил служения в церкви города Майями. За несколько вечеров до собрания я зашел домой к одной из своих прихожанок и сделал то, что делаю довольно редко. Я сказал ей: «Сестра, если я не ошибаюсь, в вас есть дух смерти».

У нее имелись все основания быть счастливой, но она никогда не была счастлива. У нее был хороший муж и дети, но она едва ли когда-нибудь улыбалась и выглядела довольной. Она производила впечатление человека, постоянно скорбящего. Хотя я очень редко заявляю что-то подобное, я почувствовал необходимость сказать ей это. Затем я добавил: «В пятницу вечером я буду проповедовать в Майями. Если вы придете на служения, то я помолюсь за вас».

В самом начале собрания я обратил внимание, что она пришла и сидит в переднем ряду. И опять я сделал то, чего обычно не делаю. Во время служения я подошел к ней и сказал:

— Во имя Иисуса Христа, приказываю духу смерти ответить мне: когда ты вошел в эту женщину?

Тогда дух, не сама женщина, без запинки ответил: — Когда ей было два года.

— Каким образом тебе это удалось? — спросил я.

— Она чувствовала себя отверженной, она чувствовала себя одинокой, она чувствовала себя нежеланной, — ответил дух.

В тот же день эта женщина освободилась от духа смерти. Однако на протяжении последующих дней этот случай снова и снова всплывал в моем сознании. Это дало мне новое понимание того влияния на жизнь человека, которое производит отверженность. Это не просто зло само по себе, но она открывает дверь и другим разрушительным силам, которые постепенно заполняют жизнь человека. Это корень, от которого может произрасти действительно много вреда.

С того дня мне довелось служить нескольким сотням людей, которые получили необходимое избавление от последствий духовной отверженности.

В том случае женщина имела явную нужду — это было видно, но отверженность не всегда может быть видна снаружи. Отверженность может быть скрытым внутренним состоянием, которое мы носим в себе повсюду. Проблема находится в духовной сфере. Мне пришлось научиться на опыте, что каждая негативная реакция, эмоция и каждое негативное отношение — все они связаны с соответствующим духом. За страхом есть дух страха, за ревностью есть дух ревности, за ненавистью — дух ненависти.

Это совсем не означает, что каждый человек, который испытывает, например, страх, имеет дух страха. Но человек, который неспособен взять себя в руки и постоянно впадает в страх, или не может ему противиться, вероятнее всего позволил духу страха войти в него. После этого человек уже не способен себя полностью контролировать.

То же самое касается и других эмоций, таких как ревность или ненависть. Но в большинстве случаев именно отверженность открывает дверь другим отрицательным духам. И, как уже было сказано, отверженность является тем корнем, из которого могут произрасти многие деструктивные эмоции и отношения.

Вот как это может действовать: девочка ощущает отверженность со стороны отца и она начинает тихо ненавидеть отца, потому что он ее не любит и критикует. Эта ненависть достигает такой меры, которую она не может больше сдерживать.

Затем девушка выходит замуж и у нее появляются дети. Но однажды она вдруг обнаруживает, что ненавидит одного из своих собственных детей. Ненависть матери ужасна и беспричинна и не поддается контролю. Это дух ненависти. Когда отца нет рядом, эта ненависть направляется против какого-нибудь другого члена семьи. Дух ненависти может вызывать у нее ненависть ко всем мужчинам. Эта девушка может даже стать лесбиянкой, избегая контактов с мужчинами.

В следующей главе мы обратимся к той форме отверженности, которую многим, уже взрослым людям, пришлось пережить в браке — это измена. Я также опишу чувство стыда, сопутствующее этому переживанию.

3.
ИЗМЕНА И СТЫД

В предыдущей главе мы рассмотрели некоторые причины отверженности, возникающей в раннем детстве. Но когда мы взрослеем, то подвергаемся еще большей опасности — отверженности в браке. Здесь боль усиливается, поскольку брак предполагает верность и доверие, и поэтому здесь происходит уже не просто отвержение, но и измена.

Много раз мне, как и другим служителям, приходилось консультировать жен, которые чувствовали, что внезапно потеряли все. Они доверяли своим мужьям и безоговорочно посвящали себя им. Но когда мужья бросали их, жены чувствовали себя преданными. Я также беседовал с мужьями, которые были обмануты своими женами. Мне приходилось встречаться с самыми разными видами измены.

А были ли вы обмануты и преданы? Как вы отреагировали на это?

Когда кто-то предал вас, вы можете сказать: «Я больше никогда не открою себя. Больше никто не получит шанс причинить мне такую боль». Это естественная реакция, но она опасна. Это откроет вас для другой проблемы — оборонительного отношения. Это реакция тех, кому когда-то причинили слишком большую боль или ранили слишком часто. Такое отношение говорит: «Хорошо, я буду продолжать жить, но отныне никому не позволю приблизиться ко мне слишком близко, чтобы впоследствии он не смог нанести мне такую же рану. Между мной и другими людьми всегда будет защитная стена».

Знаете, кто в результате этого страдает? Вы сами. Вы становитесь замкнутой, неполноценной личностью. Вы становитесь похожи на дерево, одна из основных веток которого была отсечена.

Пророчество Исаии дает наглядную картину измены. Господь, утешая Свой народ, говорит о том, какими Он видит их, и сравнивает их с женой, отвергнутой своим мужем. Это та ситуация, которая знакома — к несчастью хорошо знакома — миллионам женщин в наши дни.

Книга пророка Исаии 54:4-6: *«Не бойся, ибо не будешь постыжена; не смущайся, ибо не будешь в поругании; ты забудешь посрамление юности твоей, и не будешь более вспоминать о бесславии вдовства твоего. Ибо твой Творец есть супруг твой; Господь Саваоф — имя Его, и Искупитель твой — Святый Израилев; Богом всей земли назовется Он. Ибо как жену, оставленную и скорбящую духом призывает тебя Господь, и как жену юности, которая была отвержена, говорит Бог твой».*

Кульминация картины в последнем стихе, где изображена *«жена оставленная и скорбящая духом — жена юности, которая была отвержена».* Наверное, многим из вас знакомы эти ощущения.

Иногда происходит обратное — жена отвергает мужа. Несмотря на то, что мы считаем мужчин более сильными, чем женщин, мой опыт свидетельствует о множестве случаев, когда муж, ощущающий отвержение со стороны жены, может испытывать невыразимые муки. Он может воспринимать это как свой крах, как мужчины. В некоторых отношениях мужчине даже труднее пережить подобную травму — он чувствует себя постыженным. Общество в наши дни ожидает от мужчины невосприимчивости к эмоциональной боли.

Эта картина в Книге пророка Исаии высвечивает два момента, которые обычно связаны с изменой в браке. Господь говорит через пророка: *«ты не будешь постыжена (букв. «не будешь страдать от стыда» — примеч. переводчика) … и ты не будешь в поругании (букв. «не будешь унижена, умалена, уничижина»)…»* Когда вы без остатка отдаете себя другим, делая все возможное для того, чтобы излить на них свою любовь, а позже обнаруживаете, что вас отвергли, очень часто это приносит стыд и унижение.

Вы страдаете от стыда, по какой-то причине чувствуя: «Я не соответствую другим людям. Я не могу смотреть им в лицо». Человек, который находится под гнетом стыда, часто при встрече с другими отводит или опускает свой взгляд. Стыд истощает наши силы и не дает нам действовать как здоровая, полноценная личность.

Вдобавок к чувству, что вас бросили и предали в браке, еще два влияния, которые может произвести стыд.

Во-первых, это публичное унижение. Такое может произойти в школьные годы. Приведу пример: мы с женой познакомились с одним молодым человеком, евреем по национальности — назовем его Макс. Он принял Мессию, но по-прежнему имел некоторые проблемы. Во время беседы с ним, я заметил у него чувство стыда. Когда я спросил Макса об этом, в своих воспоминаниях он вернулся в среднюю школу. В конце учебного года директор объявил перед всеми учениками, что Макс оказался единственным, не сдавшим экзамены. Он должен был заново проходить программу этого класса в следующем году.

С этого времени Макс перестал быть самим собой, хотя и скрывал это. Всегда очень энергично и настойчиво он доказывал, что является самым лучшим. Но если вы всегда изо всех сил стараетесь доказать себе, что не хуже других — это не всегда правильно. Максу необходимо было признать и удостовериться в том, что им двигало чувство стыда.

Чувство стыда может проникнуть в вашу жизнь и через сексуальное насилие в детстве. К сожалению, такое распространено в нашем обществе. Человек может быть несвободен рассказать об этом кому-нибудь другому. Часто такое бесчестье совершается одним из родителей или каким-либо родственником. Пострадавшая личность не знает, сможет ли когда-нибудь доверять этому родственнику. Такой человек борется со смешанными чувствами: с одной стороны — недоверие, с другой — обязанность оказывать уважение. Но как может ребенок почитать родителя, который его обесчестил?

Человек может не выйти из этого напряжения всю свою жизнь. Это остается постыдной тайной. Но есть Личность, Которой вы можете открыться — это Господь. Вы никогда не сможете смутить Господа своим рассказом. Вы можете поведать Ему самое ужасное, что с вами произошло, и Он вам ответит: «Я знал об этом с самого начала, и по-прежнему Я люблю тебя».

Бог предлагает нам полное принятие, но даже несмотря на это существуют серьезные последствия отверженности, измены и стыда, которые мы рассмотрим в следующей главе.

4.
РЕЗУЛЬТАТЫ ОТВЕРЖЕННОСТИ

Полагаю, что основным результатом отверженности является неспособность принимать и проявлять любовь. Человек, который никогда не чувствовал себя любимым, не может передать любовь. Об этом свидетельствует Первое послание Иоанна 4:19: *«Будем любить Его, потому что Он (Бог) прежде возлюбил нас»*.

Это Божья любовь вызывает нашу ответную любовь к Нему. Любовь спит до тех пор, пока она не будет пробуждена любовью другой личности. Без такого взаимодействия, она никогда не пробудится.

Итак, если человек не знает любви Господа или родителей, то неспособность любить может передаваться из поколения в поколение. Например, маленькая девочка родилась в семье, где ей не смогли передать настоящей любви. У нее возникает чувство отверженности и поэтому она не способна передать любовь дальше. Девочка вырастает, выходит замуж, становится матерью. Но она не может передать любовь уже своей дочери и у ребенка возникает та же самая проблема. Таким образом эта страшная проблема передается из поколения в поколение.

Иногда, во время служения таким людям, я говорил: «Послушай, цепочка этих проблем должна быть разорвана. Даже если ты не мог предотвратить этого в твоей жизни, зачем передавать отверженность следующему поколению?»

Бог сказал в Книге пророка Иезекииля 18:1-4 и 9, что дети совсем не обязаны страдать за какое-нибудь неправильное действие своих предков: «*И было ко мне слово Господне: зачем вы употребляете в земле Израилевой эту пословицу, говоря: «отцы ели кислый виноград, а у детей на зубах оскомина?» Живу Я! говорит Господь Бог, — не будут вперед говорить пословицу эту в Израиле. Ибо вот, все души — Мои: как душа отца, так и душа сына — Мои; душа согрешающая, та умрет... (Если кто) поступает по заповедям Моим и соблюдает постановления Мои искренно: то он — праведник, он непременно будет жив, говорит Господь Бог*».

Поэтому, если ваши родители не проявляли любви к вам, Бог не желает, чтобы вы и ваши дети страдали от их ошибок. С Божьей помощью, вы можете отсечь это злое наследство раз и навсегда.

Кроме неспособности проявлять любовь, существуют еще некоторые вторичные результаты отверженности. Я бы сказал, что отверженность формирует три типа людей: 1) сдающийся; 2) не сдающийся; 3) контрактующий.

Рассмотрим сначала сдающегося. Такой человек думает: «Я просто не могу этого вынести. Жизнь слишком тяжела для меня. Я действительно ничего не могу поделать».

Из моего собственного опыта обращения с такими людьми я понял, что такое отношение является первым звеном отрицательных эмоций или ощущений, которые могут выглядеть примерно так, по нисходящей:

— отверженность
— одиночество
— жалость к себе
— уныние
— депрессия
— отчаяние и безнадежность
— смерть и самоубийство

Конечный результат трагичен. Безусловно, многие останавливаются, не сходя до самого низа. Тем не менее, это логический результат процесса, началом которого является отверженность. Дойдет все до смерти или самоубийства — зависит от эмоционального склада конкретной личности. Тот человек, чья реакция в основном пассивная, в конечном итоге уступает смерти. Фактически, отверженность является способствующим фактором для многих случаев смерти, которые считаются результатом естественных причин.

Человек, который приближается к смерти, имеет внутреннее желание умереть. Вы говорили когда-нибудь: «Лучше бы мне умереть», — или: «Какой смысл жить?»? Такие слова очень опасны. Это своего рода приглашение духу смерти.

С другой стороны, человек более решительный обратится к самоубийству, как к радикальному решению. Он также может задаваться вопросом: «Какой смысл жить?» Но затем добавит: «Я мог бы всему этому положить конец».

Часто решительный человек рассматривает самоубийство, как способ отомстить причинившим боль, рассуждая таким образом: «Я сведу с ними счеты. Теперь они будут страдать как я!»

Статистика количества самоубийств среди современной американской молодежи пугает с каждым годом все больше. Согласно данным

Национального Центра Здоровья в 1990 году более пяти тысяч молодых людей в возрасте от пяти до двадцати четырех лет покончили жизнь самоубийством.

В большинстве случаев не выявленной причиной этих самоубийств была отверженность. Возможно, эти молодые люди не высказывали это вслух, но в глубине души ощущали себя нежеланными и ненужными.

Появилось ли у вас чувство, что вы имеете некоторые, описанные мною, симптомы? Если вы находите, что теряете контроль над собственными реакциями, вполне возможно, что вы сражаетесь не просто со своим отрицательным отношениями. За таким отношением может находиться демоническое влияние.

Не блокируйте свой разум и не исключайте такую возможность. Если такая проблема существует, то осознав ее и повернувшись к ней лицом, вы сделаете первый существенный шаг к ее решению. В шестой главе мы рассмотрим, как нужно молиться против такого рода вражеского влияния.

Второй тип личности, который может сформироваться в результате отверженности, отказывается сдаваться и выстраивает своеобразную защиту. Но за внешним, с виду благополучным фасадом, скрывается внутренняя борьба и страдание.

Обычно тот, кто выстраивает вокруг себя защиту, внешне может выглядеть счастливым. Такой мужчина может казаться дружелюбным и даже общительным, но в его голосе чувствуются металлические нотки. Если это женщина, то, как правило, она употребляет слишком много косметики, много жестикулирует, ее голос немного громче обычного. Она отчаянно пытается казаться счастливой, словно она не ранена, словно ничего серьезного не произошло. На самом деле, внутри себя она говорит: «Однажды меня ранили так больно, что я больше никому и никогда не предоставлю такую возможность. Я никого не подпущу так близко, чтобы он мог ранить меня». (Как я уже упоминал ранее, такая реакция часто возникает в результате измены). В наши дни в американском обществе существует бесчисленное множество таких людей.

Третий тип личности становится бойцом — который воюет всегда и со всем. Порядок возникновения его реакции примерно таков: 1) отверженность; 2) негодование; 3) ненависть; 4) бунт и неповиновение.

Бунт и волшебство, согласно Писанию, близнецы. В Первой книге Царств 15:23 Божий пророк дает следующую оценку: *«Ибо непокорность есть такой же грех что волшебство...»*.

Под волшебством я понимаю все оккультное, которое ищет ложных духовных переживаний. Оккультизм включает в себя экстрасенсорику, гороскопы, всякого рода гадания, спиритические сеансы, наркотики, особого рода музыку и искусство, имеющие специфическое воздействие на человека. Все что в действительности является выражением непокорности (Божьей праведности и власти). Оккультизм отворачивает от истинного Бога к ложным богам. И это является нарушением первой заповеди: *«Да не будет у тебя других богов пред лицем Моим»* (Исход 20:3).

В своей массе, поколение шестидесятых годов встало на путь бунта, отвержения любого рода власти, непринятия и непокорности и, в конечном итоге, пришло к оккультизму. Как уже было сказано ранее, это случилось с молодежью не потому, что она отвергла материальные вещи. Но только оттого, что молодые люди не чувствовали любви — единственного, чего они по-настоящему желали.

В следующей главе мы рассмотрим, что сделал Иисус для исцеления ран отверженности.

5.
ОКОНЧАТЕЛЬНАЯ ОТВЕРЖЕННОСТЬ

В основании всего, что Бог предлагает в Евангелии, лежат факты. Мы можем выразить это как три этапа: факты — вера — чувства.

Евангелие основывается на трех простых фактах: 1) Христос умер за наши грехи, согласно Писанию; 2) Он был погребен; 3) Он воскрес в третий день (см. 1 Коринф. 15:3-4). Эти три факта являются основанием всего Евангелия. И это действительно *факты*. Настоящая вера связана с фактами. Вера воспринимает факты, она доверяет им и действует в соответствии с ними. А уже после веры следуют чувства.

Есть большая разница, на чем вы в своей жизни основываете вашу веру: на фактах или на чувствах. Если она основывается на чувствах, то вы будете очень непоследовательной и нестабильной личностью. Когда изменятся обстоятельства, изменятся и ваши чувства. Факты же не изменяются. Чтобы нам, как христианам возрастать, мы должны научиться верить фактам даже тогда, когда наши чувства могут вызывать недоверие к ним.

Существует два основных факта, за которые мы должны ухватиться, чтобы получить от Господа решение вопроса отверженности.

1. Бог не предлагает множество различных способов для разрешения всех нужд человечества. Он предусмотрел единственное

всеобъемлющее обеспечение, которое покрывает всякую нужду любого человека — это жертвенная смерть Иисуса на кресте.

2. Произошедшее на кресте было обменом, запланированным Самим Богом. Иисус взял на Себя все ужасные последствия наших грехов, чтобы мы, в свою очередь, могли получить доступ ко всем благим плодам Его совершенного послушания. Нами не было сделано ничего, чтобы мы могли заслужить все это. Мы не могли бы заявить права на это. Этот обмен произошел исключительно благодаря безмерно великой Божьей любви.

Поэтому бесполезно приближаться к Богу на основании каких-либо заслуг или добродетелей, которыми, как нам кажется, мы обладаем. Ничто из того, что мы можем предложить, не может идти ни в какое сравнение с благодатью той жертвы, которую Иисус предложил ради нас. Поскольку *«...вся праведность наша* (заметьте, здесь речь идет даже не о наших грехах и ошибках, а о нашей праведности, т.е. о том самом лучшем, что мы можем предложить — *примеч. ред.) — как запачканная одежда...»* (Исаия 64:6).

Это удивительное откровение можно выразить так: Господь возлюбил меня грешного только потому, что Он захотел этого — я не заслуживал Его любви. Его любовь чудесна, она превосходит естественное понимание, и Он предлагает мне Свою любовь даром!

При чтении следующих стихов можно обнаружить всестороннюю сущность обмена, произошедшего на кресте.

«Ибо не знавшего греха Он сделал для нас жертвою за грех, чтобы мы в Нем сделались

праведными пред Богом» (2 Коринф. 5:21).

«Христос искупил нас от клятвы закона, сделавшись за нас клятвою... Дабы благословение Авраамово через Христа Иисуса распространилось на язычников...» (Галатам 3:13-14).

«Ибо вы знаете благодать Господа нашего Иисуса Христа, что Он, будучи богат, обнищал ради вас, дабы вы обогатились Его нищетою» (2 Коринф. 8:9).

«...Дабы Ему, по благодати Божией, вкусить смерть за всех» (Евреям 2:9).

Вы видите обмен? Христос взял наши грехи, чтобы мы могли иметь Его праведность. Он взял наше проклятие, чтобы мы могли получить Его благословение. Он забрал нашу нищету, чтобы мы могли иметь Его богатство. Он взял нашу смерть, чтобы мы могли получить Его жизнь. Что может быть прекраснее?

Этот обмен также включает в себя наш стыд и отверженность.

«Взирая на начальника и совершителя веры, Иисуса, Который, вместо предлежавшей Ему радости, претерпел крест, пренебрегши посрамление, и воссел одесную престола Божия» (Евреям 12:2).

Иисусу хорошо знаком стыд и публичное унижение, ведь Ему пришлось все это испытать на кресте. В действительности, одной из главных целей публичного распятия, было обесчестить того, кого казнили таким образом. Когда приговоренного к такой казни в обнаженном виде подвешивали на кресте, любой находящийся рядом мог сказать или даже *сделать* что-то унизительное и неприличное, что я не стану описывать.

В пророческом видении перед Исаией приоткрылась картина страданий Иисуса еще за семь веков до того, как это произошло: *«Я предал хребет Мой биющим и ланиты Мои поражающим; лица Моего не закрывал от поруганий и оплевания»* (Исаия 50:6).

Ради нас Иисус добровольно претерпел поругания на кресте. Что же Бог предлагает нам взамен? Давайте снова обратимся к Книге пророка Исаии: *«За посрамление вам будет вдвое; за поношение они будут радоваться своей доле…»* (61:7). Бог вместо посрамления и стыда предлагает нам честь и радость. Уже в Новом Завете говорится о том, что целью смерти Иисуса было *«…привести многих сынов в славу»*. (Евреям 2:10). Радость, честь, слава — все это предложено нам вместо стыда и унижения.

Теперь мы исследуем самую глубокую рану — отверженность. Иисус перенес двойное отвержение: сначала со стороны людей, а затем и со стороны Самого Бога.

Мы находим у Исаии яркое описание отвержения Иисуса со стороны Своего народа: *«Он был презрен и умален* (букв. *«отвержен»* — примеч. переводчика) *пред людьми, муж скорбей и изведавший болезни, и мы отвращали от Него лице свое; Он был презираем, и мы ни во что ставили Его»* (Исаия 53:3).

Тем не менее, худшее было еще впереди. Последние мучения Иисуса на кресте описаны в Евангелии от Матфея 27:45-50: *«От шестого же часа тьма была по всей земле до часа девятого. А около девятого часа возопил Иисус громким голосом: Или, Или! лама савахфани! то есть: Боже Мой, Боже Мой! для чего Ты Меня оставил. Некоторые из стоящих там, слыша это, говорили: Илию зовет Он. И тотчас побежал один из них, взял губку, наполнил уксусом и, положив на трость, давал Ему пить. А другие говорили: постой; посмотрим, придет ли Илия спасти Его. Иисус же, опять возопив громким голосом, испустил дух».*

Впервые за всю историю Вселенной, Божий Сын обратился к Отцу, и Отец не ответил Ему. Бог отвел взгляд от Своего Сына. Бог закрыл уши к Его воплю. Почему? Потому что в тот момент Иисус отождествил Себя с нашими грехами. Отношение Бога Отца к Иисусу выражало отношение Божьей праведности к нашим грехам — отказ во взаимоотношениях. Полное и абсолютное отвержение. Иисус претерпел это не ради Самого Себя, но предал душу Свою в жертву за грехи всех нас.

Для меня имеет очень большое значение, что в момент смерти Иисус говорил с креста на арамейском наречии. То же самое я наблюдал, посещая больницы. Когда люди действительно находятся в трудном состоянии, безнадежно больны или, возможно, при смерти, их разум часто возвращается к первоначальному языку, которому они научились в детстве. Я наблюдал это много раз. Я очень хорошо помню свою первую жену Лидию. Как она прошептала со своим последним дыханием: *«Так фор бладет; так фор бладет»*, — «Спасибо Тебе за Твою кровь», — на датском, своем родном языке.

Этот эпизод очень наглядно описывает человечность Иисуса — Его разум вернулся к тому языку, на котором Он говорил в родительском доме. Он возопил на арамейском наречии.

Подумайте об этой ужасной тьме. Подумайте об одиночестве, об ощущении полной покинутости — сначала людьми, затем Богом. Возможно, мы с вами пережили некоторую степень отверженности. Но испить эту горькую чашу в такой степени, как Иисус — никогда. Иисус осушил чашу отверженности до ее самого горького осадка. Он должен был прожить на кресте еще несколько часов, но Он умер от разрыва сердца. (Пилат удивился, когда узнал что Иисус уже умер, обычно распятые люди умирают значительно дольше — см. Марка 15:44; когда воин пронзил бок умершего Иисуса копьем, то из раны вытекла кровь и вода, а кровь отделяется от воды в результате смерти от разрыва сердца — см. Иоанна 19:34 — *примеч. ред.*). Что разорвало Его сердце? *Отверженность*.

Теперь давайте посмотрим на последствия этого — последствия драматические и незамедлительные: *«И вот, завеса в храме раздралась надвое, сверху донизу; и земля потряслась; и камни расселись»* (Матфея 27:51).

Что это означает? Преграда между Богом и человеком была устранена. Для человека открылся путь, по которому он смог приходить к Богу без стыда, вины и страха. Иисус претерпел нашу отверженность для того, чтобы мы могли пережить Его принятие. Вот что означает разорванная завеса.

Отвержение Отца было больше, чем Иисус мог вынести. Но, благодарение Отцу, в результате случившегося мы имеем прямой доступ к Богу. Давайте посмотрим на всю полноту нашего принятия Богом: *«Благословен Бог и Отец Господа нашего Иисуса Христа, благословивший нас во Христе всяким духовным благословением в небесах, так как Он избрал нас в Нем прежде создания мира, чтобы мы были святы и непорочны пред Ним в любви, предопределив усыновить нас Себе чрез Иисуса Христа, по благоволению воли Своей, в похвалу славы благодати Своей, которою Он облагодатствовал нас в Возлюбленном»* (Ефесянам 1:3-6).

В чем заключалась извечная цель Бога — еще до сотворения мира? Чтобы мы могли стать Его детьми — Его сыновьями и дочерями. Это могло быть достигнуто только через заместительную смерть Иисуса на кресте. Когда Иисус понес наши грехи и перенес наше отвержение, Он открыл нам путь к Божьему принятию. Именно в этот период Иисус оставил Свое положение Божьего Сына, чтобы мы смогли стать сыновьями и дочерями Божьими.

Перевод Короля Якова боле наглядно выявляет смысл произошедшего: *«В прославление славы Его благодати, в которой (т.е. в Его благодати) Он соделал нас принятыми в Возлюбленном»*. Вот Божье лекарство от отверженности — осознание того, что Иисус понес вашу отверженность, чтобы вы могли иметь Его принятие.

Задумайся и попробуй объять всю глубину этого откровения! Мы являемся объектом особой любящей заботы и внимания Господа. Во всей Вселенной мы занимаем первое место среди всех нуждающихся в Его заботе.

Он никогда не оттолкнет нас в сторону и не скажет: «Подожди. Я занят. Сейчас Мне не до тебя».

Ни один ангел не скажет: «Не шуми, Отец отдыхает».

Бог говорит: «Я заинтересован в тебе. Ты желанный для Меня. Приди. Я уже давно тебя жду».

Как отец из притчи о блудном сыне (Луки 15:11-32), который выходил и стоял на дороге, ожидая сына. Никому не надо было сообщать ему:

«Твой сын вернулся домой». Отец был первым, кто должен был знать об этом. Бог относится к нам во Христе с таким же вниманием, как и этот отец. Мы не отвержены, мы не являемся второсортными гражданами или наемными слугами.

По возвращении домой, блудный сын готов был стать наемным слугой. Вернувшийся сын намеривался сказать об этом отцу. Но когда он исповедал свой грех и хотел уже сказать: «Отец, прими меня в число наемников своих», отец прервал его речь. Отец не позволит сыну стать своим наемником.

Наоборот, отец сказал: «Принесите лучшую одежду и оденьте его, и дайте перстень на руку его и обувь на ноги; и приведите откормленного теленка и заколите: станем есть и веселиться, ибо этот сын мой был мертв и ожил, пропадал и нашелся».

Весь дом пришел в движения, встречая возвращение блудного сына. Нечто подобное происходит на Небесах. Иисус сказал, что там одному кающемуся грешнику радуются больше, чем девяносто девяти праведникам, не имеющим нужды в покаянии (Луки 15:7). Вот как Бог принимает нас во Христе!

Вот два факта, за которые нам нужно ухватиться:

1. Иисус претерпел нашу отверженность на кресте, со всеми ее агониями и страданиями. Фактически, Он умер от разрыва сердца.

2. Мы приняты благодаря Его отверженю. И теперь мы приняты в возлюбленном Иисусе. Это был обмен. Иисус претерпел зло для того, чтобы мы могли принять добро.

Порой все, что вам нужно, это крепко держаться за эти два факта. Несколько лет назад, во время большого палаточного собрания, я направлялся к месту проповеди и буквально столкнулся с дамой, быстро идущей в противоположном направлении. Переведя дыхание, она сказала: «О, брат Принс, я молилась, если Богу угодно, чтобы я побеседовала с вами, то мы с вами встретились».

«Хорошо, — сказал я, — вот мы и встретились. Какая у вас проблема? Но у меня только две минуты до начала проповеди». Женщина начала рассказывать, и через полминуты я прервал ее: «Подождите. Я знаю, в чем заключается ваша проблема; хотя у меня нет времени слушать вас дальше, я понял, что вы страдаете от отверженности. У меня есть ответ. Я хочу, чтобы вы громко повторили эти слова за мной!»

Я не сказал заранее, о чем собираюсь говорить. Я просто молился, а женщина повторяла за мной каждую фразу.

«Боже, я благодарю Тебя за то, что Ты любишь меня; за то, что Ты дал Своему Сыну Иисусу умереть за меня; за то, что Он понес мой грех; что Ты взял мою отверженность; что Ты заплатил цену моего наказания. Приходя к Тебе через Него, я не отвержена; я желанна; я принята. Ты действительно любишь меня. Я действительно Твое дитя. Ты действительно Мой Отец. Я принадлежу Твоей семье. Я принадлежу самой лучшей семье во Вселенной. Небеса — мой дом. Я имею реальную Божью принадлежность. О, Боже, благодарю Тебя! Благодарю Тебя!»

Когда мы закончили, я сказал: «Аминь — и до свидания, — я должен идти», — и ушел.

Примерно через месяц я получил письмо от этой леди. После описания обстоятельств нашей встречи, чтобы я мог понять то, кто пишет мне, она сообщила: «Хочу сказать вам, что те две минуты, которые вы мне уделили и та молитва, которой я молилась, полностью изменили мою жизнь. С тех пор я стала другим человеком».

Прочитав ее письмо, я понял, что произошло с этой женщиной во время молитвы: она перешла от отверженности к принятию.

Божья семья — самая лучшая семья. Нет другой семьи, которая бы равнялась семье Божьей. Даже если ваша собственная семья не заботилась о вас, и ваш собственный отец отвергал вас, а у вашей матери никогда не было для вас времени, или ваш супруг никогда не проявлял к вам любви — помните, что вы желанны Богом. Вы приняты, вам оказана чрезвычайная благосклонность, вы являетесь объектом особой заботы и любви Бога. Все, что Он делает во Вселенной направлено на вас.

Павел написал верующим города Коринфа (которые вовсе не были примерными христианами): *«Ибо все для вас (*англ. *«для вашей пользы» — примеч. переводчика)»* (2 Кор. 4:15). Все что Бог делает — Он делает для нас. Когда вы осознаете это, это не сделает вас тщеславными, но смирит вас. Когда вы видите Божью благодать, то для тщеславия не остается места.

Примечательно, что последние слова Иисуса перед распятием, обращенные к Его ученикам, касались наших отношений с Богом, как с нашим Отцом: *«Праведный Отец! Мир не знает Тебя, Я же знаю Тебя, как и они знают, что Ты послал Меня. Я не только открыл им Тебя...»* (Современный перевод Иоанна 17:25-26).

Как Иисус открыл нам Бога? Как Отца. На протяжении четырнадцати веков евреи знали Бога, как Иегову, и единственной Личностью, которая могла представить Его как Отца, был Его Сын. В этой молитве для учеников Иисус шесть раз обратился к Богу как к Отцу.

«...Но и впредь буду открывать им Тебя...». Иисус говорит, что Он будет продолжать открывать Бога, как Отца. Тогда мы придем к цели этого откровения: *«...да любовь, которою Ты возлюбил Меня, в них будет, и Я в них»*.

Насколько я понимаю, поскольку Иисус в нас, то это подразумевает, что Бог имеет к нам точно такую же любовь, как к Иисусу. Мы так же дороги Господу, как и Сам Иисус. Но с другой стороны, благодаря тому, что Иисус в нас, мы способны любить Бога точно так же, как любил Его Иисус.

Это отражает конечную цель земного служения Иисуса — привести нас к таким взаимоотношениям любви, которые существуют между Отцом и Сыном. Здесь есть две стороны. Во-первых, Отец испытывает к нам такую же самую любовь, как к Иисусу. Во-вторых, мы можем отвечать Отцу той же самой любовью, которую имеет Иисус.

Иоанн говорит нам: *«В любви нет страха, но совершенная любовь изгоняет страх»* (1 Иоанна 4:18). Развитие наших взаимоотношений любви с Богом не оставляет места для вины, неуверенности, отверженности.

Возможно, вы имеете печальные воспоминания о своем родном отце. В Божьем замысле было то, чтобы каждый отец проявлял Его Самого, но большинство отцов оказались неспособны на это. Однако у вас есть Отец Небесный, Который любит и понимает вас, Который заботится о вашем благе и планирует для вас самое лучшее. Он никогда не бросит вас, никогда не истолкует вас превратно, никогда не будет против вас.

Для некоторых простое провозглашение принятия во Христе и отцовства Бога решает проблему отверженности. Для других же этого недостаточно. Если вы чувствуете, что и ваша проблема не разрешилась, возможно, вам необходима дальнейшая помощь.

Давайте перейдем в следующую главу, где я объясню некоторые конкретные практические шаги, которые сделают Божье провидение в вашей жизни действенным.

6.
КАК ПРИМЕНЯТЬ ЛЕКАРСТВО?

На этой стадии вы позволили Святому Духу ввести Его зонд в вашу рану. Он выявил инородное тело, причиняющее боль и инфекцию. Готовы ли вы теперь принять Божье лекарство? Если да, то вот пять последовательных шагов, которые вам необходимо пройти.

ШАГ 1. Признайте сущность вашей проблемы и назовите ее настоящим именем — отверженность. Бог всегда подводит нас к моменту истины, прежде чем мы сможем принять Его помощь.

ШАГ 2. Пусть Иисус будет для вас примером, *«...потому, что и Христос пострадал за нас, оставив нам пример, дабы мы шли по следам Его»* (1 Петра 2:21).

Как Иисус встретил отверженность? На протяжении трех с половиной лет Его жизнь была целиком отдана творению добра, прощению грехов, исцелению болезней, освобождению угнетенных бесами. И после всего этого римский наместник предоставил еврейскому народу, собственному народу Иисуса, право выбора. Он был готов освободить из заключения Иисуса из Назарета или преступника Варавву, виновного в политическом мятеже, грабеже и убийстве.

Произошло одно из самых поразительных и трагических решений в истории человечества — народ отверг Иисуса и избрал Варавву. Они сказали: «Убей Иисуса! Распни Его! Мы не хотим Его. Мы желаем Варавву — вора и разбойника».

Иисус же в ответ молился за тех, которые Его распяли: *«Отче! прости им, ибо не знают, что делают»* (Луки 23:34).

Следовательно, второй шаг — это простить. Это сделать нелегко. В действительности, вы сами не сможете сделать этого. Но вы не одни. Когда вы подходите к этому моменту, Святой Дух находится рядом с вами. И если вы подчинитесь Ему, то Он даст вам необходимую сверхъестественную благодать.

Вы можете возразить: «Но человек, который меня обидел, уже умер. Зачем же я должен его прощать?» Жив он или мертв — это не так важно. Вы прощаете его ради себя, не ради него. В первую очередь прощение нужно вам.

Я знаю замечательного молодого христианина, который услышал это послание. Он осознал, что годами носил в себе горечь и чувство обиды, гнев и возмущение против собственного отца, который уже умер. Вместе со своей женой он проехал несколько сотен миль до кладбища, где был похоронен его отец. Оставив жену в машине, он один отправился на могилу. Встав на колени, он в течение двух часов освобождался от этого всякого отравляющего отношения. Он не поднимался с колен до тех пор, пока не осознал, что простил своего отца. Когда он вышел за ворота кладбища, он был уже другим человеком. Сегодня его жена свидетельствует, что у нее теперь новый муж. Его отец был мертв, но чувство обиды продолжало жить.

Есть что-то очень важное в отношениях между родителями и детьми. Молодым людям необходимо это помнить особенно. Это первая заповедь, которая сопровождается обетованием: *«Почитай отца твоего и мать..., да будет тебе благо...»* (Ефес. 6:2-3). Вы можете быть уверены: если вы не почитаете своих родителей, то вам никогда не будет хорошо.

Вы можете возразить: «Моя мать была проститутка, мой отец был алкоголиком. И вы ожидаете от меня уважения к ним?» Да. Не как к проститутке и алкоголику, а как к вашему отцу и матери. Это Божье требование.

Когда я принял спасение и крещение в Святом Духе, я думал, что знаю намного больше, чем мои родители. Марк Твен однажды остроумно заметил, что возвратившись через несколько лет домой, он с удивлением обнаружил, как поумнели за это время его родители! То же самое произошло и со мной. Однажды Бог открыл мне этот принцип: если хочешь, чтобы тебе было хорошо, ты должен научиться уважать своих родителей.

Мои родители уже умерли, но я благодарю Бога за то, что научился по-настоящему проявлять уважение к ним. Я думаю, что это одна из причин, почему мне теперь хорошо. Мне пришлось наблюдать обе стороны этого принципа. Я видел людей, которые уважали своих родителей и были благословлены, и видел тех, которые отказались это сделать, и им никогда не было хорошо. Их жизнь никогда не была полностью благословлена Богом.

Отсутствие прощения — одно из самых распространенных препятствий к Божьему благословению. Это относится также и к отношениям между мужьями и женами. Мне запомнилась беседа с одной леди, которая подошла ко мне для молитвы и освобождения. Я спросил ее: «Вы желаете простить своего мужа?»

Она спросила в ответ: «После того, как он испортил пятнадцать лет моей жизни, а затем сбежал с другой женщиной?»

Я сказал: «Пусть так, но разве вы хотите позволить ему испортить остаток вашей жизни? Если да, то просто продолжайте ненавидеть его и ваша обида сделает свое дело».

Запомните, больше страдает не тот, кто обидел, но тот, кто обижается. Как кто-то заметил о язве желудка: язва — это не то, что человек ест, но то, что ест человека. Вы можете простить. Когда Святой Дух дает вам возможность, вы можете простить — если захотите.

Прощение — это не эмоция, а решение. Не говорите: «я не могу простить». Если сказать правду, то, тем самым вы говорите: «я не хочу простить». А если вы говорите: «я не хочу», — то вы же сами можете сказать: «я хочу».

ШАГ 3. Примите сознательное решение освободиться от вредного плода, который отверженность произвела в вашей жизни. Такого плода, как горечь, бунт, чувство обиды, негодования и ненависти. Вспомните того молодого человека, приехавшего на кладбище! Эти чувства ядовиты. Если вы будете питать их в своем сердце, они отравят всю вашу жизнь. Они станут причиной серьезных проблем эмоциональных и, вполне возможно, проблем физических. Скажите, сделав решение своей воли: «Я отвергаю горечь, обиду, ненависть и бунт».

Консультанты говорят освободившимся алкоголикам: «Чувство обиды — роскошь, которую вы не можете себе позволить». Это верно для каждого из нас. Никто не должен позволять себе пребывать в обиде — это слишком дорогое удовольствие.

ШАГ 4. Это не то, что вы должны сделать для себя. Бог уже сделал это для вас. *«...Он (Бог) облагодатствовал нас в Возлюбленном»* (Ефесянам 1:6).

Когда вы приходите к Богу через Иисуса, то обнаруживаете, что уже приняты. У Бога нет второсортных детей. Он не просто терпит вас — Он любит вас. Он заинтересован в вас. Он заботится о вас. Взгляните еще раз на эти замечательные слова в Послании Ефесянам 1:4-6: *«Так как Он (Бог) избрал нас в Нем (во Христе) прежде создания мира, чтобы мы были святы и непорочны пред ним в любви, предопределив усыновить нас Себе чрез Иисуса Христа, по благоволению воли Своей, в похвалу славы благодати Своей, которою Он облагодатствовал нас в Возлюбленном».*

Божьим намерением от вечности было сделать нас Своими детьми. Он совершил это через смерть Иисуса за нас на кресте. Все, что вам необходимо, так это поверить, что Бог хочет видеть вас Своим дитем. Когда вы приходите к Богу через Иисуса, вы обнаруживает, что уже приняты Им.

ШАГ 5. Примите самого себя. Порой это самое трудное. Я говорю христианам: «Никогда не принижайте себя. Никогда не критикуйте себя. Не вы сделали себя сами, но Бог сотворил вас».

В Послании Ефесянам 2:10, Павел говорит, что мы «Божье творение» (англ. «Божье произведение» — примеч. переводчика). На самом деле, в греческом языке там стоит слово «поэма» — Божья поэма. Мы названы Божьим произведением искусства. Мы являемся Божьими шедеврами. Из всего сотворенного, именно нам Бог уделил больше всего времени и заботы.

Удивительно, но за материалом для Своего шедевра Бог пошел на свалку! Вы можете оглянуться назад и видеть череду провалов и неудачных начинаний — разбитые браки, неблагополучное детство, финансовые беды. Возможно, вы назвали себя «неудачником», но Бог называет вас: «Мой сын, Моя дочь». Вы можете принять самого себя, потому что Бог принял вас. Когда вы приходите к Богу в Иисусе, вы становитесь новым творением. Второе послание Коринфянам 5:17-18 говорит: *«Итак, кто во Христе, тот новая тварь; древнее прошло, теперь все новое. Все же (это) от Бога…».*

Вы не можете делать оценку себе на основании того, какой жизнью вы жили до прихода ко Христу, потому что с этого самого момента вы стали новым творением.

Итак, совершили ли вы эти пять шагов? Если да, то пришло время провозгласить ваше освобождение и помолиться молитвой, которая поставит печать на том, что вы узнали о Божьем принятии.

Вы вполне можете молиться своими словами. Но если вы не совсем уверены, что следует говорить, вот образец молитвы, который вы можете использовать:

Господь Иисус Христос, я верю, что Ты есть Божий Сын и единственный путь к Богу. Ты умер на кресте за мои грехи, и Ты воскрес из мертвых. Я каюсь во всех своих грехах, и я прощаю каждого человека точно так же, как Бог простил меня. Я прощаю всех тех, которые отвергли меня, которые причинили мне боль и которые не проявили любви ко мне, Господи, и я уповаю на Твое прощение ко мне.

Я верю, Господь, что Ты принял меня. Я уже принят Тобой, благодаря тому, что Ты совершил для меня на кресте. Я имею Твое принятие. Я имею Твою благосклонность. Я являюсь объектом Твоей особой заботы. Ты действительно любишь меня. Я желанный для тебя. Ты — мой Отец, а Небеса — мой дом. Я принадлежу к семье Божьей — самой лучшей семье во Вселенной. Благодарю Тебя за Твое принятие! Благодарю и славлю Тебя!

Есть еще одно, Господи: я принимаю себя таким, каким Ты сделал меня. Я произведение Твоего искусства и благодарю Тебя за то, что Ты сделал. Я верю, что Ты начал добрую работу во мне и доведешь ее до совершенства к концу моей жизни. И теперь, Господи, я провозглашаю себя свободным от любого нечистого злого духа, который подпитывал боль в моей жизни. Я высвобождаю свой дух для радости в Тебе. Во имя Иисуса Христа. Аминь!

В этот момент освободитесь от всякого злого духа, который мучил вас. Если вы почувствовали что-то усиленно противящееся молитве, которую вы только что произнесли, знайте — это злой дух. Вполне возможно, что в вашем разуме возникнут слова — «отверженность», «обида», «жалость к себе», «смерть» или другие подобные этим. Это Святой Дух открывает имя вашего врага. Отрекись от него по его имени, а затем освободись от него. Каким образом он бы ни проявил себя — вы должны изгнать и извергнуть его. Пусть он выйдет с выдохом, стоном, плачем или криком — но извергни его!

Это момент освобождения, которого вы так долго ждали. Не беспокойтесь о своем внешнем достоинстве! Примите любую помощь, предоставляемую вам Святым Духом.

Как только вы почувствуете освобождение, начните громко славить Бога: «Господь, я благодарю Тебя! Господь, я славлю Тебя! Господь, я люблю Тебя! Благодарю Тебя за освобождение. Благодарю Тебя за все, что Ты сделал для меня».

Благодарность Богу ставит печать на вашем освобождении. Теперь вы готовы для новой жизни в свободе.

7.
ПРИНЯТИЕ СРЕДИ БОЖЬЕГО НАРОДА

Остается еще один очень важный шаг в обретении принятия — это принятие Божьим народом. Это подразумевает нахождение своего места в Теле Христа. Как христиане, мы не призваны быть изолированными индивидуальностями. Мы вовлечены в отношения с другими верующими. Эти отношения являются одним из выражений нашего принятия в нашей повседневной жизни. Принятие нашим Небесным Отцом — это первый шаг и это является самым важным. Однако принятие находит свое выражение и во взаимоотношениях с окружающими верующими. Христиане составляют одно Тело, где каждый является одним из членов этого Тела. Павел пишет в Послании Римлянам 12:4-5: *«Ибо как в одном теле у нас много членов, но не у всех членов одно и то же дело, так и мы многие составляем одно тело во Христе, а порознь один для другого члены».*

Поскольку мы являемся членами одного Тела, и каждый из нас принадлежит остальным, мы не сможем найти полного удовлетворения, мира или принятия независимо друг от друга. Вот что говорит Первое послание Коринфянам 12:14-16: *«Тело же не из одного члена, но из многих. Если нога скажет: «я не принадлежу к телу, потому что я не рука», то неужели она потому не принадлежит к телу? И если ухо скажет: «я не принадлежу к телу, потому что я не глаз», то неужели оно потому не принадлежит к телу?»*

Вы являетесь частью тела. Независимо от того, являетесь вы ногой или рукой, ухом или глазом — вы неполноценны без остального тела, а остальное не имеет полноты без вас. Вот почему так важно найти свое место в теле.

Первое Коринфянам 12:21-23:

«Не может глаз сказать руке: «ты мне не надобна», или также голова ногам: «вы мне не нужны». Напротив, члены тела, которые кажутся слабейшими, гораздо нужнее, и которые нам кажутся менее благородными в теле, о тех более прилагаем попечения».

Поэтому ни один из нас не может сказать другому верующему брату: «Ты мне не нужен». Мы все нуждаемся друг в друге. Бог так сотворил тело, что все члены взаимозависимы. Ни один из них не может эффективно действовать сам по себе. Это относится к каждому. Это относится и к вам. Вы нуждаетесь в остальных членах, а они нуждаются в вас. Уже сам процесс нахождения своего места в Теле сделает ваше принятие реальным каждодневным переживанием.

Новый Завет изображает христиан также как единую семью. Все мы члены одной семьи. Великая молитва, которой Иисус учил Своих учеников начинается с двух важных слов: *«Отче наш…»*. Таким образом, во-первых, у нас есть Отец, который является Богом. Это обращение к Богу, как к Отцу, свидетельствует о том, что мы имеем «вертикальное» принятие. В то время как слово *«наш»* (а не *«мой»*) говорит нам о том, что мы члены семьи, в которой есть много других детей. Наше «горизонтальное» принятие становится действительным только тогда, когда мы находим и занимаем свое место в семье. Таким образом, существует вертикальное принятие Богом, и горизонтальное — в Божьей семье.

Послание Ефесянам 2:19 свидетельствует нам: *«Итак вы уже не чужие и не пришельцы, но сограждане святым и свои Богу (или члены Божьей семьи)»*

Не имея этого, мы были чужими (чужеземцами) и пришельцем (иноплеменниками). Нам не нравятся слова — *«чужак»* и *«инородный»*. Я иммигрировал в Соединенные Штаты в 1963 году и не имел гражданства вплоть до 1970 года. На протяжении семи лет я был чужеземцем в этой стране. Большинство людей, которые с самого рождения стали гражданами, не имеют представления, что значит быть иностранцем.

Каждый январь я заполнял анкету для Департамента Юстиции, уведомляя о местах моего проживания. Власти всегда должны были знать, где найти меня, если у них имелись ко мне вопросы, или они хотели депортировать меня. Я также не имел права голосовать на федеральных и местных выборах.

Если я выезжал из страны, то, по моему возвращению, я должен был пройти через особый паспортный контроль, отдельно от граждан Соединенных Штатов. Вместе со своим паспортом я должен был представить небольшую зеленую карточку, которая свидетельствовала о моем статусе иностранца, имеющего право какое-то время жить в США.

Итак, во всем этом есть разница, есть различие. Вы не принадлежите по-настоящему до тех пор, пока являетесь иностранцем. Но Бог сказал: «Вы больше не чужие. Вы принадлежите. Вы приняты. Вы являетесь членом семьи». Но это станет реальностью для вас только тогда, когда вы найдете свое место в семье. В Псалме 67:7 написано: *«Бог одиноких вводит в дом...»*.

Вы одиноки? Сегодня миллионы людей одиноки. Они не понимают, что Бог предопределил семью для одиноких.

«...освобождает узников от оков; а непокорные остаются в знойной пустыне».

Бог хочет видеть вас в семью. Осуществляя Свое намерение о вас, Он разбивает связывающие вас оковы и вводит вас в счастье. Но те люди, которые отвергают Божье главенство, остаются в знойной пустыне.

Вас, наверное, интересует, как именно вы можете стать частью Божьей семьи. Вы можете присоединиться к какой-либо группе верующих. Они могут называться церковью, братством, миссией — название не имеет большого значения. Но не всегда легко найти ту группу, в которой вы будете по-настоящему приняты. В моей книге «Завет» я перечислил девять вопросов, которые вы должны задать себе прежде, чем присоединиться к какой-нибудь группе:

1. Почитают и превозносят ли они Господа Иисуса Христа?

2. Признают ли они авторитет Писания?

3. Предоставляют ли они место для действия Святого Духа?

4. Проявляют ли они теплые и дружеские взаимоотношения?

5. Стремятся ли они применять свою веру практически в своей повседневной жизни?

6. Поддерживают ли они между собой личные взаимоотношения, выходящие за рамки простого совместного посещения служений?

7. Предоставляют ли они пасторскую заботу, охватывающую все законные ваши нужды?

8. Открыты ли они для общения с другими.

9. Чувствуете ли вы себя среди них свободно и как дома?

Если ответы на все или почти все эти вопросы положительные, то вы на правильном пути. Однако, продолжайте искать Бога до тех пор, пока не получите от Него ясного направления. И помните, что, вполне вероятно, вы не найдете совершенную группу.

Теперь вы знаете путь, благодаря которому вы сможете оставить одиночество и чувство того, что вы находитесь вне, смотря на все со стороны. Станьте частью живого организма, живого тела. Найдите свое место, свое призвание и вы испытаете полноту и удовлетворение.

В конце книги «Завет» я предложил молитву для всякого, стремящегося найти свое место среди Божьего народа. Я включил ее в конец этой главы. Если эта молитва выражает ваши чувства, прочтите ее и скажите «аминь». Вы можете сделать ее своей молитвой.

«Господь, я чувствую себя одиноким и нереализованным, и я признаю это. Я желаю "пребывать в Твоем жилище", быть частью духовной семьи посвященных верующих. Если во мне есть какие-либо внутренние препятствия, то прошу Тебя, удали их. Направь меня в ту группу, где это мое желание способно осуществиться. Помоги мне сделать необходимые выводы для этого. Во имя Иисуса. Аминь».

Если вы сказали искреннее «аминь» на эту молитву, то я вам обещаю — что-то обязательно произойдет в вашей жизни. Бог начнет действовать. Он даст вам новое направление и новые связи. Он откроет для вас новые двери. Он выведет вас из этой иссохшей пустыни и поможет стать членом семьи и частью Тела.

8.
БОЖЕСТВЕННАЯ ЛЮБОВЬ

Давайте сделаем краткий обзор. Многие люди страдают от духовных ран отверженности, предательства и стыда. Причиной может служить отверженность со стороны родителей, распад семейной пары, публичное унижение и тому подобное.

Иисус дал нам освобождение благодаря нескольким обменам, которые произошли на Голгофском кресте. Он был отвержен Богом и людьми для того, чтобы мы могли быть приняты Богом и Божьей семьей. Он перенес позор, чтобы мы могли разделить Его славу. Он умер нашей смертью, чтобы мы могли принять Его жизнь.

Для получения освобождения некоторым людям достаточно простое осознание того, что Христос совершил для них на кресте; другие возможно будут нуждаться в том, чтобы сделать следующие несколько шагов:

1. Позволить Святому Духу помочь высветить вам, где и каким образом вы получили рану отверженности.

2. Явным образом простить тех людей, которые причинили вам зло.

3. Отсечь такие разрушительные плоды отверженности, как горечь, ненависть, обида и бунт.

4. Принять то, что Бог уже принял вас во Христе.

5. Принять себя.

Очевидным результатом отверженности является неспособность принимать и передавать любовь. Вот почему отверженность является одним из самых больших препятствий к Божественной любви. Бог, действуя в нашей жизни, приводит нас к познанию Божественной любви.

Мы больше не будем исследовать любовь, которую Бог проявляет к нам, а лишь рассмотрим путь, которым Божья любовь сначала изливается на нас, а затем через нас на весь мир. Здесь есть две последовательные фазы: сначала Божья любовь *изливается* (внутрь), затем *проявляется* (через внешние действия) и *достигает совершенства*. Если первая фаза — это потрясающее сверхъестественное переживание, то вторая — постепенное прогрессирующее формирование благочестивого характера.

Это показывает различие между Божественной любовью и человеческой любовью. В молодости я особенно восхищался произведениями Шекспира. Внимание Шекспира было сосредоточено на двух человеческих переживаниях: любви и смерти. Он надеялся, что любовь может каким-то образом дать избавление от смерти.

Это было отражено в его сонетах, посвященных той, кого он называл «Таинственной даме». Эта леди видимо являлась предметом страстного увлечения Шекспира, но его чувство было не вполне взаимным. В этом сонете Шекспир пытается убедить ее, что даже если она и состарится, его любовь через поэзию сделает ее бессмертной.

Сравню ли с летним днем твои черты?
Но ты милей, умеренней и краше.
Ломает буря майские цветы,
И так недолговечно лета наше!

То нам слепит глаза небесный глаз,
То светлый лик скрывает непогода,
Ласкает, нежит и терзает нас
Своей случайной прихотью природа.
А у тебя не убывает день,
Не увядает солнечное лето.
И смертная тебя не скроет тень —
Ты будешь вечно жить в строках поэта.
Среди живых ты будешь до тех пор,
Доколе дышит грудь и видит взор.

Лучшее, что могла предложить его любовь — это бессмертие его поэзии. Действительно, его поэзии уже четыреста лет. Но эта леди мертва.

Шекспир возлагал очень большую надежду на любовь, и я могу сказать, что, скорее всего, он был разочарован. Я сам шел подобным путем, и думаю, что понимаю его разочарование.

В течение двадцати пяти лет я искал чего-то непреходящего и удовлетворяющего в поэзии, философии и в мире с его удовольствиями и интеллектуальными претензиями. Чем больше я наблюдал все это, тем менее удовлетворенным я становился. Я пытался отыскать что-то, о чем не имел ни малейшего представления. Но когда Господь открылся мне и крестил меня в Святом Духе, я сразу же понял, что искал все это время. До этого, на протяжении двадцати лет я посещал церковь, но никто никогда не говорил мне об этом.

Теперь мы посмотрим, что происходит, когда вы любите других Божьей любовью — не шекспировской, а Божьей. Мы читаем потрясающее утверждение в Послании Римлянам 5:5: *«А надежда не постыжает, потому что любовь Божия излилась в сердца наши Духом Святым, данным нам».*

Надежда никогда не разочарует, если она связана с Божьей любовью, потому что Божья любовь излилась в наши сердца — излилась вся полнота Божьей любви. Бог ничего не удержал. Он просто опрокинул на нас все содержимое Своего сосуда любви в тот момент, когда мы были крещены Духом Святым.

Во время Второй Мировой войны я служил в британской армии, как в качестве фронтового санитара, так и в военном госпитале. Четыре с половиной года я провел за границей, в основном в Северной Африке, а затем какое-то время в Палестине. Один год я провел в знойных, суровых и гнетущих пустынях Судан. Не было ничего в естественном смысле привлекательного как в Судане, так и в его жителях. Но я был крещен в Святом Духе и Бог показывал мне, что у Него есть предназначение для меня. Он начал давать мне сверхъестественную любовь к этим людям.

Непродолжительное время я был приписан командованием к железнодорожному узлу на севере Судана под названием Атбара. Я отвечал за небольшой приемный медпункт для солдат. Насколько я помню, там было всего три больничные койки. В городе находился штатский врач, с которым я имел сообщение, а в остальном я был предоставлен самому себе и был сам себе господином впервые за все годы моей армейской жизни. Также впервые за все время службы у меня была кровать, и я имел полное право спать на ней. Кроме того, среди амуниции, выданной этому медпункту, была фланелевая спальная одежда. Почти три года я спал в солдатской форме, и довольно устал от этого. Поэтому я воспользовался предоставленной возможностью: облачался в длинную белую ночную рубаху и спал на настоящей кровати.

Однажды ночью, когда я уже лежал в постели и молился за народ Судана, на меня сошел Дух Божий. Эта ходатайственная молитва не изменила моего естественного отношения к ним, однако я не мог заснуть. Я был движим внутренней силой и обнаружил, что молюсь со сверхъестественной любовью такого высокого уровня, которого я не смог бы достичь своим собственным разумом или эмоциями.

Порой я вставал с постели посреди ночи и начинал расхаживать по комнате. Однажды, во время такого бдения, я вдруг обнаружил, что моя ночная рубаха светится — действительно испускает свет. Я осознал, что на какой-то краткий миг я отождествился с нашим Великим Небесным Ходатаем — Господом Иисусом.

Позже меня перевели в маленький госпиталь, находившийся в убогом местечке среди холмов, на берегу Красного моря. Народ местного племени называл себя *гадундава*. Это были дикие и свирепые люди, незнакомые ни с какой религией, кроме ислама. Около ста лет назад они вели против Британии короткую войну. Британские солдаты прозвали их «фаззи-ваззис», потому что у каждого взрослого мужчины на голове возвышалась своеобразная волосатая 20-сантиметровая пирамида, которую они сооружали при помощи бараньего жира.

Все мои сослуживцы-солдаты были недовольны назначением, но я провел там восемь счастливых месяцев, потому что Бог дал мне Свою любовь к этим людям. И как результат, у меня была привилегия приобрести для Господа первого члена племени *гадундава*, который уверовал во Христа и открыто исповедовал свою веру. Когда пришло время покинуть эту местность и сказать ему «до свидания», мое сердце плакало. (Подробнее эту историю вы можете узнать из автобиографии Дерека Принса, записанной на видео.)

Тогда в Судане я пережил лишь небольшую часть *излитой* Богом любви к тому народу. Однако позже я пришел к пониманию, что Божья любовь нуждается в достижении совершенства через свое проявление в моем характере — становясь частью моего характера.

Год спустя, в Палестине, когда я познакомился с моей первой женой Лидией и увидел девочек, о которых она заботилась, Господь опять наполнил мое сердце Своей чудесной любовью. В тот период ни я ни Лидия не помышляли о браке, но в конечном счете мы поженились. Бог снова излил Свою сверхъестественную любовь в мое сердце — однако это не сделало меня таким, каким я должен быть. Часто я был эгоистичен, раздражителен, нетерпелив, эгоцентричен и равнодушен.

Я пришел к пониманию, что сверхъестественное переживание излитой Божьей любви — это замечательно, но намного важнее, чтобы она сформировала наш характер. Бог ведет нас от сверхъестественно излитой любви к формированию характера, который последовательно выражает Его любовь. И это процесс — причем, долгий процесс, требующий Божьего терпения для того, чтобы мы могли его пройти.

В этом процессе формирования характера чудотворящее Божье Слово играет жизненно важную роль. *«Кто говорит: «я познал Его», но заповедей Его не соблюдает, тот лжец, и нет в нем истины; а кто соблюдает слово Его, в том истинно любовь Божия совершилась: из сего узнаем, что мы в Нем»* (1 Иоанна 2:4-5).

Обратите внимание, что здесь говорится о Слове Божьем, а не о Духе Божьем. Речь идет не о сверхъестественном переживании, но о последовательном и устойчивом формировании характера, которое происходит в результате постоянного послушания Божьему Слову. Если мы послушны Писанию, тогда Божья любовь постепенно приведет нас к совершенству, к нашей внутренней зрелости.

Этот стих имеет двойное значение. Во-первых, доказательством нашей любви к Богу является послушание Его Слову. Бесполезно утверждать, что мы любим Бога, если мы непослушны Его Слову. Во-вторых, когда мы послушны Слову, Бог воспроизводит Свою любовь в нашем характере.

Формирование нашего характера включает в себя семь последовательных этапов, согласно Второму посланию Петра 1:5-7. Начнем с основы: *«То вы, прилагая к сему все старание, покажите в вере вашей добродетель...»*

Началом всему Бог положил веру. Мы не можем начать с другого основания. Но после того как Бог даровал нам веру, должен иметь место процесс развития характера. Итак, *«покажите в вере вашей добродетель, в добродетели рассудительность, в рассудительности воздержание, в воздержании терпение, в терпении благочестие, в благочестии братолюбие, в братолюбии любовь».*

Давайте рассмотрим эти семь последовательных шагов в построении характера.

«Покажите в вере вашей добродетель». Мне нравится перевод «превосходство». Превосходство является отличительным признаком христиан. Никогда не будьте недобросовестными и небреж-

ными, что бы вы ни делали. Если до вашего спасения вы были дворником, будьте после этого лучшим дворником. Если прежде были учителем, будьте лучшим учителем. Если вы были медсестрой, станьте лучшей медсестрой. Вы должны проявить в вашей вере превосходство (англ. *«прибавьте к вашей вере добродетель»* — *примеч. переводчика*).

На протяжении пяти лет я руководил в Кении колледжем по подготовке учителей. Моей основной целью было привести моих студентов ко Христу. Приняв Христа и крещение в Святом Духе, некоторые из них, случалось, имели такое отношение: «Теперь, брат Принс, Вы не должны быть слишком требовательны ко мне, поскольку я христианин».

Мне приходилось пояснять им: «Как раз наоборот, теперь я ожидаю от вас намного больше. Если вы могли быть учителем без Христа и крещения Духом, то теперь должны быть вдвойне лучшим учителем, имея Христа и Дух Святой. Я буду ожидать большего, а не меньшего».

Бог почтил мое посвящение качеству. После третьего года моего пребывания в этом колледже мы выпускали пятьдесят семь студентов, мужчин и женщин. К концу экзаменов выяснилось, что каждый наш выпускник успешно сдал все предметы. Вышестоящий представитель кенийского министерства образования лично поздравил меня и сказал: «Согласно всем нашим данным мы никогда прежде не имели таких результатов».

Это произошло потому, что я следовал требованию Писания о добросовестности. Результаты наших экзаменов сказали мирской власти больше, чем любая доктрина, которую мы могли провозглашать. Христианство — это не извинение за небрежность. Небрежный и разболтанный христианин фактически отрекается от своей веры.

«В добродетели (покажите) рассудительность» (букв. *«знание»*). Прежде всего это означает познание Божьей воли и познание Его Слова.

«В рассудительности (покажите) воздержание» (букв. *«самоконтроль»*). Это тот пункт, без которого вы не сможете двигаться дальше в совершенствовании своего характера, если не научитесь владеть собой, своими эмоциями, своими словами, своими потребностями и всем тем, что мотивирует вас.

«В воздержании (покажите) терпение» (в активном значении этого слова, т.е. *«настойчивость»* и *«выносливость»*). Держитесь до конца! И снова, если не научитесь терпению, то не сможете продвинуться далее. Не развив это качество характера, вы будете сдаваться всякий раз, когда будете достигать следующей стадии развития.

«В терпении (покажите) благочестие». Благочестие — это поведение, контролируемое Святым Духом.

«В благочестии (покажите) братолюбие». Это становится нашим совместным свидетельством миру. Иисус сказал: *«По тому узнают все, что вы Мои ученики, если будете иметь любовь между собою»* (Иоанна 13:35).

«В братолюбии (покажите) любовь» — Божественную любовь. Это является высшей точкой. В самом начале Святой Дух изливает Божью любовь в наши сердца. Но совершенства эта любовь достигает в формировании нашего характера. Различие между братолюбием и Божественной любовью в том, что братолюбием мы любим своих братьев — христиан, которые любят нас. Боже-

ственной любовью мы любим тех, которые ненавидят и гонят нас — людей нелюбящих и недостойных любви.

Это приводит нас назад к истокам отверженности. Что служит доказательством, что мы исцелены от этой раны? Может ли Бог дать вам Божественную любовь по отношению к тем, кто отверг вас? Способны ли вернуться к нелюбящему родителю и сказать: «Я люблю тебя»? Способны ли вы молиться за своего бывшего супруга и просить Божьего благословения для него? Это самое неестественное для этого мира. Но когда есть сверхъестественная Божья любовь — она превосходит все наши собственные усилия и возможности.

Наверное, это самое великое из всех благословений, получаемых в результате исцеления от раны отверженности. Вы можете стать сосудом Божьей любви для других, которые страдают точно так же, как некогда страдали вы.

Об авторе

Дерек Принс (1915–2003) родился в Бангалоре, Индия, в семье потомтсвенного британского офицера. Он получил ученую степень по классическим языкам (греческий, латинский, еврейский и арамейский) в Итон-Колледже и Кембриджском университете в Англии, а позднее в Еврейском Университете в Израиле. Будучи студентом, он был философом и убежденным атеистом. Он являлся действительным членом Научного общества древней и современной философии в Кингз-Колледже в Кембридже.

В начале Второй Мировой войны, находясь на службе в медицинском подразделении Королевской армии Великобритании, Дерек пережил сверхъестественную встречу с Иисусом Христом, которая изменила всю его жизнь. Вот что он свидетельствовал об этом:

«В результате этой встречи я сделал два вывода на всю свою оставшуюся жизнь: во-первых, что Иисус Христос жив; во-вторых, что Библия является истинной, важной и современной книгой. Эти два вывода коренным образом и навсегда изменили всю мою жизнь».

С тех пор Дерек Принс посвятил свою жизнь практическому исследованию Библии. Его всегда будут помнить за вклад в назидание Церкви и учение об освобождении от проклятия, месте Израиля в Божьем плане, основах учения Христова, освобождении от бесов, силе провозглашения, посте и молитве, событиях в конце времен в свете Писаний.

Основной дар Дерека Принса — толкование Библии ясным и простым образом. Неденоминационный, несектантский подход к истинам Писания сделал его учение доступным для людей разных национальностей и религиозных взглядов.

Его ежедневные радиопередачи "Ключи к успешной жизни" достигают шести континентов и звучат на арабском, китайском, малайском, монгольском, русском, испанском и других языках и наречиях.

Он является автором более 40-ка книг, более 450-ти аудио- и 150-ти видеокассет для обучения, многие из которых были переведены и изданы на более чем 60-ти языках.

Миллионы верующих по всей земле считают Дерека Принса своим наставником и отцом в вере.

КНИГИ ДЕРЕКА ПРИНСА
переведенные на русский язык

Наименование:

Библейское лидерство: Наблюдайте за собой / Что значит быть мужем Божьим?

Библия, философия и сверхъестественное

Благая Весть Царства

Благодарение, хвала и поклонение

Благодать уступчивости (Благодать повиновения)

Благословение или проклятье: тебе выбирать!

Бог — Автор брачных союзов

Бог написал сценарий твоей жизни

Божий план для твоих денег

Божье лекарство от отверженности

Вера, которой жив будешь (Вера как образ жизни)

Вехи моей жизни / Уверенность в Божьем избрании

Влияние на историю через пост и молитву

Война в небесах

Входя в Божье присутствие

Духовная война

Если вы желаете самого лучшего Божьего

Завет

Защита от обольщения / Что есть истина?

Искупление

Как быть водимым Духом Святым

Как найти план Божий для своей жизни

Как правильно поститься

Как применять кровь Иисуса

Как слышать голос Божий

Крещение в Святом Духе

Кто позаботится о сиротах, бедных и угнетенных?

Люцифер разоблаченный

Мужья и отцы

Мы будем изгонять бесов

Наш долг Израилю

Обмен на кресте

Ожидание Бога

Отцовство

Погребение посредством крещения

Последнее слово на Ближнем Востоке

Пособие для самостоятельного изучения Библии

Пророческий путеводитель Последнего Времени

Путь ввех — путь вниз

Путь посвящения

Пятигранное служение

Расточительная любовь

Сборник №1: Первое поприще / Колдовство — враг общества №1 / Чужой епископ

Сборник №2: Духовная слепота: причина и лечение / Как проверять необычные проявления / Хлебопреломление

Святой Дух в тебе

Святость

Сила провозглашения

Согласиться с Богом

Струны арфы Давида

Судить: где? когда? Почему?

Твердое основание христианской жизни

Уверенность в Божьем избрании

Церковь Божья

Шум в церкви

Для заметок

Для заметок

Для заметок

Для заметок

Дерек Принс

БОЖЬЕ ЛЕКАРСТВО ОТ ОТВЕРЖЕННОСТИ

Подписано в печать 03.12.2010г. Формат 84х108^1/$_{32}$
Печать офсетная. Тираж 10 000 экз.
Заказ № 2888 (10173А)

Отпечатано в типографии "Принткорп",
ЛП № 02330/04941420от 03.04.02009.
Ул. Ф.Скорины 40, Минск, 220141. Беларусь.

www.ingramcontent.com/pod-product-compliance
Lightning Source LLC
Chambersburg PA
CBHW071412040426
42444CB00009B/2213